Inhalt

Die Immobilienaktie - Trendwende oder der Verlierer der Finanzkrise?

Kernthesen

Beitrag

Fallbeispiele

Weiterführende Literatur

Impressum

Die Immobilienaktie - Trendwende oder der Verlierer der Finanzkrise?

T.Trares

Kernthesen

- In der Finanzkrise haben die Immobilienaktien ganz besonders Federn lassen müssen.
- Während der Dax 2008 um 40 Prozent einbrach, lagen die Immobilien-Titel mit fast zwei Drittel im Minus.
- Die größtenteils fremdfinanzierten Firmen leiden unter den sich drastisch verschlechternden Bedingungen an den Kapitalmärkten.

- Allerdings deuten hohe Abschläge auf den Nettovermögenswert auf eine Unterbewertung der Aktien hin.
- Die Analysten sind sich indes uneins hinsichtlich der weiteren Entwicklung der Immobilienwerte.

Beitrag

Während in der Finanzkrise die Anlageklasse der Immobilienfonds noch eine halbwegs akzeptable Wertentwicklung hinlegen konnte, sind die Immobilienaktien schwer unter die Räder gekommen. Seit Beginn der Krise haben die Titel bis zu 90 Prozent an Wert eingebüßt. In den vergangenen Wochen haben sich die Kurse aber wieder leicht erholt. Die vornehmlich fremdfinanzierten Immobilienfirmen leiden vor allem unter den sich verschlechternden Bedingungen an den Kreditmärkten. Hohe Abschläge auf den Nettovermögenswert deuten auf eine Unterbewertung der Aktien hin.

Immobilienaktien leiden besonders unter der Finanzkrise

Die Immobilienaktien gehören zu den Verlierern der Finanzkrise. Anfang 2007 waren die Titel des Kölner

Wohnungsbewirtschafters Colonia Real Estate mehr als 40 Euro wert, die des Bonner Büroimmobilienkonzerns IVG fast 37 Euro, und die Papiere von Gagfah, dem größten börsennotierten Wohnungskonzern Deutschlands, notierten bei rund 25 Euro. Dann platzte die Blase auf dem US-Immobilienmarkt. Die Aktien der genannten Firmen brachen seither um bis zu 90 Prozent ein. Die Verluste der Immobilienfirmen sind noch größer als in anderen Branchen. So verlor der Dax im Jahr 2008 gut 40 Prozent, während die 20 im Amtlichen Markt gelisteten Immobilientitel knapp zwei Drittel ihres Wertes einbüßten. (4), (5)

Teurere Kredite und weniger Transaktionen

Weil die Immobiliengesellschaften in hohem Maße fremdfinanziert sind, leiden sie besonders stark unter der Kreditklemme. Unter Druck geraten vor allem Unternehmen, deren Kreditlinien auslaufen. Sie müssen hart um die Anschlussfinanzierung ringen und höhere Zinsen hinnehmen. Hinzu kommt, dass derzeit das Geld für Transaktionen fehlt. Davon sind vor allem Unternehmen wie Colonia Real Estate oder Vivacon betroffen, deren Gewinn stark von Verkaufserlösen abhängt. Besser aufgestellt sind

Gesellschaften mit einem stabilen Immobilienbestand und einer hohen Vermietungsquote, da sie auf kontinuierliche Einnahmen hoffen dürfen. Doch auch sie können sich nicht dem Abschwung entziehen. Wenn die Wirtschaft abflaut, wird weniger Büroraum benötigt, langfristig auch weniger Wohnungen. Dies führt zu niedrigeren Preisen. Abschreibungen drohen. (6)

Hohe Abschläge auf den Nettovermögenswert

Die Immobilientitel werden mit einem Abschlag zu ihrem Nettovermögenswert (Net Asset Value, NAV) von bis zu 88 Prozent gehandelt. Dies deutet auf eine hohe Unterbewertung der Aktien hin. Der NAV entspricht im Idealfall dem tatsächlichen Wert einer Immobilienaktiengesellschaft. Dieser ergibt sich aus dem Verkehrswert der Vermögensgegenstände abzüglich der Schulden. Zum Vermögen gehören unter anderem liquide Mittel, eigene Aktien, Forderungen und natürlich der Immobilienbestand. Bei der Bewertung gibt es die üblichen bilanztechnischen Spielräume. So kann eine Immobilie mit dem Anschaffungs- oder dem Marktwert bewertet werden. Viele Unternehmen haben diese Spielräume genutzt und sich reich gerechnet. Das ist zwar rechtens, könnte aber nun zum Nachteil für die Firmen werden. (4), (5), (6)

Erholung im Dezember dank kaufbereiter Investoren

Seit Anfang Dezember haben sich die Kurse vieler Immobiliengesellschaften wieder etwas erholt. Manche Notierungen sind um mehr als 100 Prozent nach oben gesprungen, so etwa bei der IVG, der Gagfah und der Deutsche Wohnen. Ein Grund dafür sind die Aussagen von Karl Ehlerding, dem ehemaligen Großaktionär der Beteiligungsgesellschaft WCM. Dieser erklärte, den Bestand des mehrheitlich von ihm gehaltenen Wohnungsunternehmens KWG in den kommenden zwölf bis 15 Monaten von 5 000 Einheiten auf bis zu 15 000 Wohnungen ausbauen zu wollen. Er schloss dabei auch Beteiligungen an anderen börsennotierten Immobiliengesellschaften nicht aus. Ehlerding zufolge sind die Aktien von Gagfah, Deutsche Wohnen, Patrizia, Vivacon und Colonia Real Estate günstig bewertet. Interesse am Immobiliengeschäft zeigt auch die Investorengruppe Cobra mit Clemens Vedder. Sie ist mit drei Prozent an der IVG beteiligt. Auf Einkaufstour will auch Ex-WestLB-Manager Harald Christ gehen, der sein Interesse an börsennotierten

Immobiliengesellschaften signalisierte. (1), (2)

Fallbeispiele

Die Gagfah S. A., Luxemburg, ist mit einem Eigenbestand von bundesweit rund 175 000 Wohnungen und weiteren 25 000 Wohneinheiten, die sie für Dritte betreut, das größte börsennotierte Wohnungsunternehmen in Deutschland. Rund 95 Prozent der Einnahmen stammen aus der Wohnungsvermietung. Anfang 2007, also vor Ausbruch der Finanzkrise, kostete die Aktie des Unternehmens noch rund 25 Euro. Bis Dezember 2008 brach das Papier dann auf 1,88 Euro ein, um dann wieder auf gut vier Euro zu steigen. (7)

Die Deutsche Euroshop ist die einzige Aktiengesellschaft hierzulande, die ausschließlich in Shoppingcenter investiert. Sie ist zurzeit an sechzehn Einkaufscentern in Deutschland, Österreich, Polen und Ungarn beteiligt. Der Marktwert der in Innenstädten liegenden Einkaufsmeilen beläuft sich auf 2,6 Milliarden Euro. Mit einem Verlust von nur neun Prozent hat die Aktie des Unternehmens das vergangene Jahr als zweitbestes

Immobilienunternehmen abgeschlossen. Mit einer Marktkapitalisierung von mehr als 800 Millionen Euro sind die Hamburger derzeit teuerste Immobiliengesellschaft in Deutschland. Die Aktie notiert rund 30 Prozent unter dem NAV. Die gute Performance und der auch in schwierigen Zeiten niedrige Abschlag zum NAV sind Spiegelbild der ausgezeichneten Managementqualität, heißt es bei Analysten. (5), (6)

Den größten Verlust in der Krise verbuchte der Kölner Wohnungsbewirtschafter Colonia Real Estate. Die Aktie verlor zwischenzeitlich über 90 Prozent. Sie zählte zu den Highflyern der vergangenen Jahre. Das Unternehmen hat sich zu einem bedeutenden Investment- und Asset-Manager hochgearbeitet. Colonia Real Estate steht auf den drei Säulen Investments, Asset Management und Fondsmanagement. Bewertungsanpassungen dürften 2008 jedoch zu einem Verlust zwischen 50 Millionen und 60 Millionen Euro geführt haben. Die Dividende wird deshalb ausfallen. (5)

Ein weiterer großer Verlierer der Krise ist die Bonner IVG. Einst kosteten die Aktien fast 37 Euro, nun sind sie noch 6,60 Euro wert. Zwischenzeitlich betrug der Kursverlust bis zu 85 Prozent. Der Nettovermögenswert je Aktie (27,62 Euro) liegt um ein Vielfaches über dem tatsächlichen Kurs. Die IVG ist hochverschuldet. Der Anteil der Verbindlichkeiten am Vermögen beträgt 79,6 Prozent. IRICIC-Analyst Thomaschowski geht davon aus, dass die sowohl als Bestandhalter, Projektentwickler und Fondsinitiator agierende IVG die Krise bewältigen kann. Skeptisch wegen der hohen Schuldenlast sind hingegen die JP Morgan-Analysten Osmaan Malik und Harm Meijer. (1), (2)

Zu den Favoriten der Experten zählt die Deutsche Wohnen, der mehr als 50 000 Wohnungen gehören. Auch die Aktien der Gesellschaft notiert weit unter dem NAV, obwohl das Management seine Hausaufgaben gemacht habe. Die Aktie ist seit Beginn der Finanzkrise von über 50 Euro auf knapp vier Euro abgestürzt. Seit Ende November hat sie aber wieder auf über zehn Euro zugelegt und damit den stärksten Zugewinn in den vergangenen Wochen gezeigt. (1), (5)

Weiterführende Literatur

(1) Überraschendes Comeback der Immobilienaktien Rasante Kursrallye in den vergangenen Wochen - Papiere steigen trotz Branchenkrise teilweise um mehr als 150 Prozent
aus DIE WELT, 07.01.2009, Nr. 5, S. 20

(2) O.V., Immobilien - Gunst der Stunde, FOCUS-

MONEY, 19.11.2008, Ausgabe 48, S. 040-041
aus DIE WELT, 07.01.2009, Nr. 5, S. 20

(3) Ehlerding mischt wieder Immobilienaktien auf
aus Hamburger Abendblatt, 19.12.2008, Nr. 298, S. 23

(4) Horrorjahr für Immobilienaktien Branchentitel
büßen 2008 zwei Drittel ein - Deutlich schlechter als
Dax
aus Börsen-Zeitung, 12.12.2008, Nummer 241, Seite 10

(5) Der tiefe Sturz der deutschen Immobilienaktien
Nach massiven Kurskorrekturen extrem unter
Buchwert – Spekulationen über Fusionen –
Substanzwerte zu Schleuderpreisen
aus Finanz und Wirtschaft vom 06.12.2008, Seite 32

(6) Immo-Aktien stecken in Klemme
aus Handelsblatt Nr. 237 vom 05.12.08 Seite 35

(7) Immobilien an Börse und Kapitalmarkt
aus Immobilien & Finanzierung - Der Langfristige
Kredit 24 vom 15.12.2008

Impressum

Die Immobilienaktie - Trendwende oder der Verlierer der Finanzkrise?

Bibliografische Information der deutschen Nationalbibliothek

Die Deutsche Nationalbibliothek verzeichnet diese Publikation in der deutschen Nationalbibliografie; detaillierte bibliografische Daten sind im Internet über http://dnb.d-nb.de abrufbar.

ISBN: 978-3-7379-0603-6

© 2015 GBI-Genios Deutsche Wirtschaftsdatenbank GmbH, Freischützstraße 96, 81927 München, www.genios.de

Alle Rechte vorbehalten. Dieses Werk ist einschließlich aller seiner Teile – z.B. Texte, Tabellen und Grafiken - urheberrechtlich geschützt. Jede Verwertung außerhalb der Grenzen des Urheberrechtsgesetzes bedarf der vorherigen Zustimmung des Verlags. Dies gilt insbesondere auch für auszugsweise Nachdrucke, fotomechanische

Vervielfältigungen (Fotokopie/Mikroskopie), Übersetzungen, Auswertungen durch Datenbanken oder ähnliche Einrichtungen und die Einspeicherung und Verarbeitung in elektronischen Systemen.